J'AIME LA NATURE

SOURIS AIME SON PARC

Souris n'a pas peur de beaucoup travailler ! Chaque jour, elle enfile ses bottes et jardine dans le parc. Tout en travaillant, elle grignote des baies juteuses… tout comme les vers !

Elle plante aussi de jolis nénuphars colorés dans la mare. Ces belles fleurs attirent nombre de canards, libellules et grenouilles.

Souris ne coupe jamais l'herbe trop courte, car c'est ainsi que les papillons et les abeilles l'apprécient. Ainsi, il y a toujours une multitude d'insectes voletant dans les airs.

Souris sait aussi très bien bricoler.
Elle construit des nichoirs pour permettre
aux oiseaux de se protéger du froid
et de construire leurs nids.
Oh, regarde ! Quelques oisillons
montrent le bout de leur bec.